l'UNIVERS
TOI

TOI
l'UNIVERS

Il ne manque rien.

Tu es accompli.

Tous nés des étoiles

LE TRÉSOR EST ENTRE TES MAINS

Meera Lee Patel

AUTEURE DU BEST-SELLER TOUT COMMENCE ICI

Traduit de l'anglais (États-Unis) par Julie Groleau

LE LIVRE DE POCHE

Titre original :
MADE OUT OF STARS
Publié par TarcherPerigee,
une marque de Penguin Random House LLC.

Couverture : © Meera Lee Patel.

Photographie de l'auteure : © Nicola Harger.

ISBN : 978-2-253-23830-0 – 1re publication LGF

Pour toi, pour être qui tu es.

Le monde ne serait pas ce qu'il est sans toi.

INTRODUCTION

Aujourd'hui, on se sent trop vite déconnecté ou débordé. Les appels téléphoniques et les délais serrés prennent le pas sur une promenade ou une bonne discussion, et il n'est pas toujours évident de trouver du sens à toutes ces petites choses qui nous accaparent. Prendre soin de soi est en général le dernier point d'une très longue liste d'obligations qui s'allonge sans cesse. Pourtant, c'est essentiel. Si on ne parvient pas à s'aimer soi-même, comment peut-on aimer quoi que ce soit ou quelqu'un d'autre ?

Les étoiles que nous voyons briller au-dessus de nous sont très lointaines mais, aux premières heures du matin, elles sont toujours là, avec nous. Et quand la nuit nous enveloppe de son épais manteau, elles scintillent, nous rappelant que la lumière existe jusque dans les zones les plus obscures. Une étoile est composée de divers éléments – carbone, hydrogène, nitrogène, oxygène, soufre et phosphore – qu'elle maintient liés entre eux par sa force de gravitation.

Comme elle, chacun de nous existe grâce à ses propres forces invisibles : de petits signaux lumineux qui brillent en nous, qui font de nous ce que nous sommes – des êtres uniques, avec notre palette d'émotions, d'ambitions et de rêves. Quand tu prends conscience de cela, tu ne peux plus désirer être quelqu'un d'autre. Et dans ce monde qui te demande en permanence de changer la personne que tu es, il devient bien plus facile d'être sincère et déterminé – d'être exactement toi-même.

Retiens bien ceci : c'est en toi que naissent les étoiles célestes et étincelantes. Leur matière est entre tes mains, dans tes yeux et dans ton cœur. La lumière qui émane de chacun de nous, qui fait de nous ce que nous sommes, nous relie aussi les uns aux autres et à l'univers.

Si tu peux t'efforcer de t'en souvenir, les petites choses désagréables de la vie deviendront bien plus supportables et, souvent, les moments difficiles prendront leur sens. Chaque petit pas, même le plus insignifiant, peut avoir une raison d'être. Le moindre geste de gentillesse, une brève rencontre avec un inconnu, un moment de tranquillité lorsque tu t'accordes un répit : tous ont leur raison d'être.

Pour te sentir connecté au monde, commence par nourrir le lien que tu as avec toi-même. En apprenant à te connaître et à te comprendre mieux, tu sauras retrouver un petit peu de toi partout – dans les plantes, les animaux, les gens autour de toi et, pendant les nuits les plus sombres, dans les étoiles mêmes.

Je crois en toi.

JE
N'AI PAS PEUR
DES TEMPÊTES
CAR J'APPRENDS À NAVIGUER
SUR MON BATEAU.
LOUISA MAY ALCOTT

Plus on en apprend sur soi, plus il est facile
de naviguer entre les obstacles que nous rencontrons.

Qu'est-ce que tu apprends sur toi maintenant ?

Qu'as-tu appris sur toi il y a un an ?

Qu'espères-tu apprendre sur toi dans un an ?

Si nous ne nous donnons pas le temps de prendre soin de nous, notre corps, notre esprit et notre coeur ne peuvent pas rester en harmonie.

De quelle façon prends-tu soin de toi maintenant ?

De quelle façon souhaites-tu prendre soin de toi dans un an ?

VIVEZ !

VIVEZ LA VIE MERVEILLEUSE
QUI EST EN VOUS ! NE LAISSEZ
RIEN PERDRE. RECHERCHEZ
INLASSABLEMENT
DE NOUVELLES SENSATIONS.
N'AYEZ PEUR de RIEN...

OSCAR WILDE

Quand, pour la dernière fois, as-tu expérimenté quelque chose de nouveau ?

Cite trois choses que tu as toujours voulu faire.

Qu'est-ce qui te retient ?

Souviens-toi de CECI : QUE LE BONHEUR DE VIVRE DÉPEND DE TRÈS PETITES CHOSES.

MARC AURÈLE

Cite trois aspects épanouissants de ta vie
que tu as tendance à négliger.

La meilleure partie de la vie, c'est le travail, la créativité. Croyez-moi, j'adore réussir… Cependant, la véritable motivation spirituelle et émotionnelle est dans l'effort.

GARSON KANIN

Pense à quelque chose que tu redoutes
de faire quotidiennement.
Peux-tu tirer de la fierté dans le simple fait d'agir ?

La Magie EST LA FORCE
QUI NOUS ANIME, QUI FAIT APPARAÎTRE,
LÀ OÙ IL N'Y AVAIT RIEN, LES FEUILLES, LES ARBRES,
LES FLEURS ET LES OISEAUX, LES BLAIREAUX,
LES RENARDS, LES ÉCUREUILS… IL Y EN A
PARTOUT, DANS CE JARDIN, ET TOUT
AUTOUR DE NOUS.
FRANCES HODGSON BURNETT

Se sentir connecté au monde nécessite de l'observer de près. Regarde la nature autour de toi : où que tu ailles, tu en emportes une partie avec toi. Va te promener dans les bois et entraîne-toi à te sentir chez toi en pleine nature.

Raconte cette expérience ici.

QU'EST-CE QUI TE FAIT TE SENTIR CONNECTÉ À ...
ton coeur, ton esprit, ton ressenti ?

AU MOMENT OÙ TU TE DEMANDES
SI TU PEUX VOLER,
TU CESSES POUR TOUJOURS
D'EN ÊTRE CAPABLE...

AVOIR CONFIANCE, C'EST
AVOIR DES AILES.

J.M. BARRIE

Pense à quelque chose qui te fragilise depuis longtemps. Qu'est-ce qui t'aiderait à avoir davantage confiance en toi ?

il est inutile
que je remonte jusqu'à hier,
car hier j'étais
TOUT À FAIT DIFFÉRENTE
de ce que je suis
aujourd'hui.

LEWIS CARROLL

Chacun de nous évolue en permanence.
En quoi as-tu changé en mieux au cours
de l'année passée ?

JE SUIS CE QUE VOUS M'AVEZ FAITE.

Prenez toute la LOUANGE
comme tout le BLÂME ;
prenez tout le SUCCÈS
comme tout l'ÉCHEC ;

EN UN MOT, PRENEZ-MOI TELLE QUE JE SUIS.

CHARLES DICKENS

Décris une réussite ou un échec dont tu t'es servi pour te définir. T'est-il possible d'exister en dehors de tes succès et de tes échecs ?

Le monde est pareil
À UN IMMENSE MIROIR,
il reflète notre vie simplement
comme nous la voyons
NOUS-MÊMES.
L. FRANK
BAUM

Parfois, la meilleure façon de changer notre vie est de changer la perception que nous en avons.

Cite dix choses montrant que tu as de la chance dans la vie.

1.

2.

3.

4.

5.

6.

7.

8.

9.

10.

QU'EST-CE QUI TE FAIT TE SENTIR CONNECTÉ À ...
ton corps et ton souffle ?

RALPH WALDO EMERSON

Cite trois choses qui t'agacent dans la vie. Comment peux-tu essayer d'être patient envers chacune d'elles ?

Le monde peut
t'offrir plus
qu'un nombre infini
de RESPIRATIONS
contenues dans
tes poumons
et un nombre infini
d'HEURES passées
à faire ce que tu
DÉSIRES.

Le monde nous offre tellement.
Décris les possibilités que la vie te donne.

Mon ennemi m'a dit :

"AIME

TON ENNEMI",

alors je lui ai obéi et je me suis

AIMÉ

MOI-MÊME.

KHALIL GIBRAN

Quand, pour la dernière fois, t'es-tu montré critique envers toi-même ? Comment peux-tu t'aimer mieux dans ces moments-là ?

C'est
ce que la
bonté apporte
de mieux
aux autres :
elle les
rend bons
eux-mêmes.

Frederick William Faber

Cite le dernier acte de gentillesse que quelqu'un
a fait pour toi.
En quoi t'a-t-il rendu meilleur ?

QU'EST-CE QUI TE FAIT TE SENTIR CONNECTÉ À ... un inconnu ?

QU'EST-CE QUI TE FAIT TE SENTIR CONNECTÉ À ... toi-même ?

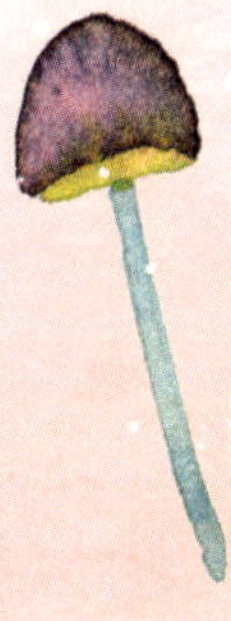

La plus grande duperie dont souffrent les hommes vient de leurs propres opinions.

LÉONARD de VINCI

Nous nous dénigrons souvent.

Identifie trois aspects de ta personne que tu as du mal à accepter. Quels en sont les points positifs ?

Premier aspect :
Point positif :

Deuxième aspect :
Point positif :

Troisième aspect :
Point positif :

Peut-être
tout ce qui
est effrayant
est-il, au fond,
ce qui est désemparé
et requiert
notre AIDE.
RAINER MARIA RILKE

Cite trois choses qui te font peur.
Comment peux-tu apprécier chacune d'elles ?

1. Peur :
Action :

2. Peur :
Action :

3. Peur :
Action :

Pense à toute la beauté
qui croît en toi et autour de toi
et sois heureuse !

ANNE FRANK

Décris trois choses merveilleuses au sujet de :

TOI

TA MAISON

TON PAYS

TA PLANÈTE

TON UNIVERS

POUR ÊTRE LIBRE,
IL FAUT
S'AIMER
SOI-MÊME.

Fais la liste de cinq manières d'être plus gentil envers toi-même.

SI TU
INSPIRES
EN ÉTANT CONSCIENT
D'ÊTRE VIVANT —
DE POUVOIR TOUCHER
LE *MIRACLE*
D'ÊTRE VIVANT —
ALORS C'EST UNE SORTE
D'ÉVEIL.

THICH NHAT HANH

Inspire. Reconnais que tu es vivant dans un monde débordant de vie. Qu'est-ce que ça signifie, être vivant ?

TA TÂCHE N'EST PAS DE CHERCHER L'AMOUR
MAIS SIMPLEMENT DE CHERCHER ET DE TROUVER
AU-DEDANS DE TOI TOUTES LES BARRIÈRES
QUE TU AS BÂTIES CONTRE LUI.

HELEN SHUCMAN

Quels sont les obstacles qui éloignent l'amour et le positif de ta vie ? Comment peux-tu les faire disparaître ?

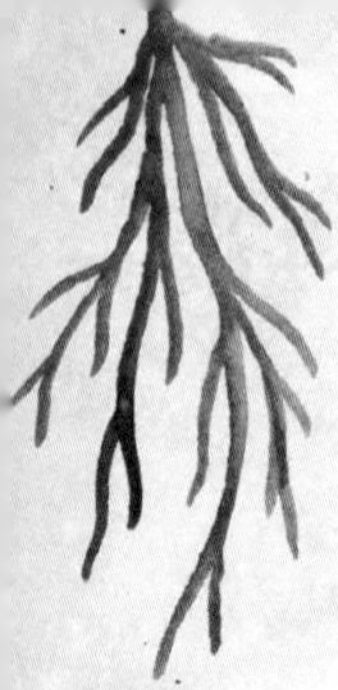

QU'EST-CE QUI TE FAIT TE SENTIR CONNECTÉ À
l'espèce humaine ?

LA VIE N'EST FACILE pour aucun de nous. Mais quoi, IL FAUT AVOIR DE LA PERSÉVÉRANCE, ET SURTOUT DE LA CONFIANCE EN SOI. IL faut CROIRE QUE L'ON EST DOUÉ POUR QUELQUE CHOSE.

MARIE CURIE

Cite trois de tes qualités que tu dois offrir au monde.

1.

2.

3.

IL N'EST PERSONNE QUI NE SERVE À QUELQUE CHOSE EN CE MONDE, S'IL ALLÈGE LE FARDEAU DE LA VIE POUR QUELQU'UN D'AUTRE.

Charles Dickens

Que ressens-tu quand tu aides quelqu'un de proche ?
Peux-tu éprouver le même sentiment en aidant
un inconnu ?

JE PEUX
SI BIEN DISTINGUER
LE CRIMINEL DE SON CRIME ;

JE PEUX PARDONNER SINCÈREMENT
AU PREMIER ALORS QUE
J'ABHORRE LE SECOND.

CHARLOTTE BRONTË

Pense à un acte ou à des paroles qui t'ont récemment blessé. Quelle en était la motivation ?
Comment peux-tu pardonner à la personne qui t'a fait souffrir ?

Je suis tombé amoureux, pas de quelque chose ou de quelqu'un en particulier, mais

de tout.

GEORGE HARRISON

Qu'est-ce qui te paraît particulièrement beau dans :

La lumière du matin dans ta chambre ?

Le premier arbre que tu vois aujourd'hui?

Un inconnu croisé dans la rue ?

La première info que tu lis ?

Prendre du temps pour toi aujourd'hui ?

Ta dernière conversation ?

QU'EST-CE QUI TE FAIT TE SENTIR CONNECTÉ À ...
quelqu'un avec qui tu as une relation difficile ?

J'ai toujours cru,
et je le crois encore,
que quelle que soit
notre bonne
ou notre mauvaise
fortune,
nous pouvons toujours
lui donner un sens
et la transformer
en quelque chose
de valeur.

HERMANN HESSE

Décris ta meilleure et ta pire expérience durant l'année passée. Qu'as-tu appris de chacune d'elles ?

JE SUIS VIVANT !
C'EST PAR MAGIE !
JE DEVIENS FORT !
C'EST PAR MAGIE !
LA MAGIE
EST EN MOI !
LA MAGIE
EST EN MOI !

FRANCES HODGSON BURNETT

C'est facile de chercher la magie dans tout ce qui nous entoure, pourtant elle existe en chacun de nous. Quand, pour la dernière fois, as-tu su reconnaître toutes les possibilités et le merveilleux ? Raconte-le ici.

LA PLANTE
QUI SE DÉBAT SOUS
UNE PIERRE NE SAIT PAS
CE QU'ELLE SUBIT.
CE N'EST QUE LORSQU'ON
RETIRE LA PIERRE QU'ELLE
PEUT POUSSER LIBREMENT
À LA LUMIERE.

PEARL S. BUCK

Quel est l'obstacle (quelqu'un, un sentiment, un défi) qui t'empêche d'être la personne que tu es vraiment ? Comment peux-tu le surmonter ?

JE NE PENSE PAS QUE LA FORÊT
SERAIT SI ÉCLATANTE, NI L'EAU
SI CHAUDE, NI L'AMOUR SI DOUX,
S'IL N'Y AVAIT AUCUN
DANGER DANS LES LACS.

C.S. LEWIS

La vie est un équilibre. Reviens sur un moment difficile de ton existence. Comment cette période t'a-t-elle préparé à un événement positif survenu par la suite ?

ON A BEAU AGIR AVEC FINESSE,
COMPLEXITÉ ET EMPIRISME, L'ENDROIT
OÙ L'ON SE SENT LE PLUS
EN SÉCURITÉ, C'EST, JE CROIS,
EN SOI-MÊME, DANS LE FOYER
QUE L'ON TROUVE TOUT AU FOND
DE SOI, LE SEUL QUE L'ON HABITE
VRAIMENT.

MAYA ANGELOU

Qu'est-ce qui te fait te sentir en sécurité à l'intérieur de toi ?

OÙ ES-TU, MAINTENANT QUE TU POSES
CETTE QUESTION ? ES-TU DANS LE
MONDE OU LE MONDE
EST-IL EN TOI ?
RAMANA MAHARSHI

Ferme les yeux et imagine que l'univers
est à l'intérieur de toi,
de la même façon que tu es à l'intérieur de lui.
Décris ce que tu ressens.

Quel est le moment où tu te sens le plus connecté au monde autour de toi et le plus vivant ?

CHAQUE
AMI
REPRÉSENTE

UN **MONDE**
EN NOUS, UN
MONDE QUI N'AURAIT
PEUT-ÊTRE JAMAIS
EXISTÉ SANS LUI

ET QUE
CETTE **RENCONTRE**
A **RENDU POSSIBLE.**

ANAÏS NIN

Combien de mondes d'autres personnes ont-elles créés en toi ? Décris-les ici.

LE NAUFRAGÉ REDOUTE LES FLOTS, MÊME LES PLUS TRANQUILLES.

OVIDE

Si tu te laisses paralyser par tes peurs,
tu ne progresseras jamais. En ce moment, qu'est-ce
qui t'effraie ? Comment peux-tu avancer aux côtés
de cette peur ?

QU'EST-CE QUI TE FAIT TE SENTIR CONNECTÉ ...
aux étoiles et à l'univers ?

Il n'y a
de BIEN
et de MAL
que SELON
L'OPINION
qu'on a.
WILLIAM SHAKESPEARE

Réfléchis à un problème auquel tu t'es récemment heurté.
Est-il possible de l'envisager sous plusieurs angles ?
Que peux-tu apprendre de chaque perspective ?

Il y a
de la BEAUTÉ dans
la tristesse qui
se pose sur notre
épaule, IL Y A
DE LA BEAUTÉ dans
la souffrance qui agite et étourdit
notre cœur, et IL Y A
DE LA BEAUTÉ lorsqu'on a
la force de recommencer,
ENCORE et ENCORE.

Pense à un moment profondément triste de ta vie.
Quelles sont les belles choses qui sont nées
de ton chagrin ? En quoi t'a-t-il fait changer ?

CHACUN DE NOUS EST UNE LUNE,

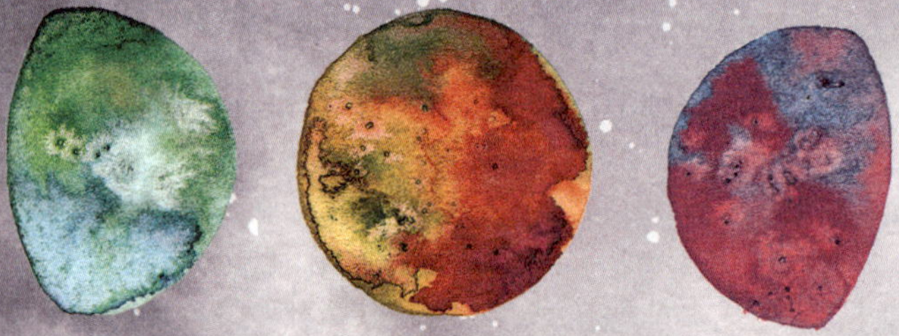

AVEC UNE FACE CACHÉE
QUE PERSONNE NE VOIT.

* MARK TWAIN *

Pense à quelque chose qui te fait honte.
Ce sentiment vient-il de toi ou des autres ?
Que peux-tu faire pour te réconcilier
avec cette honte ?

NOUS SOMMES TOUS
connectés.

Qu'est-ce qui te fait te sentir connecté aux personnes
que tu n'as pas encore rencontrées et aux lieux
que tu n'as pas encore découverts ?

Avec la liberté,
des fleurs, des livres
et la lune, qui ne serait
parfaitement
heureux ?
OSCAR WILDE

Dans la liste ci-dessous, quelles sont les quatre choses dont tu as le plus besoin pour être heureux ?

SÉCURITÉ SATISFACTION AMOUR

RESPECT AUTO-ACCEPTATION

SUCCÈS FAMILLE AMBITION

RELATIONS SAINES FOYER

RESPECT DE SOI ARGENT

DÉVELOPPEMENT CONNAISSANCE

Les as-tu déjà ?

Certaines d'entre elles peuvent-elles se trouver en toi ?

On progresse
à la force
de son moi,
on régresse
à cause de lui ;
l'homme est
pour lui-même
un allié,
pour lui-même
un adversaire.

KRISHNA

Vivre avec nos regrets et dans la critique de nos erreurs nous empêche de devenir des personnes meilleures, plus douces envers nous-mêmes et les autres.

Que peux-tu faire pour progresser en étant bienveillant envers toi-même, et sans te juger ?

Je me célèbre
et me chante moi-même,
Et ce que je prends
à mon compte, tu le prendras
à ton compte,
Car chaque atome
qui m'appartient, t'appartient
aussi bien à toi.

WALT WHITMAN

Cinq choses que j'aime et que j'apprécie chez moi :

1.

2.

3.

4.

5.

Cinq choses que j'aime et que j'apprécie chez quelqu'un d'autre :

1

2.

3.

4.

5.

QU'EST-CE QUI TE FAIT TE SENTIR CONNECTÉ À ...

une personne à qui tu tiens énormément ?

QU'EST-CE QUI TE FAIT TE SENTIR CONNECTÉ À ...
une personne dont tu te sens très éloigné ?

Une lumière

ici
nécessitait
une ombre là.

VIRGINIA WOOLF

Quels sont les aspects les plus sombres en toi ?
Quels sont les aspects positifs qui les équilibrent ?

SOMBRE :

POSITIF :

SOMBRE :

POSITIF :

SOMBRE :

POSITIF :

SOMBRE :

POSITIF :

L'IMAGINATION EST PLUS IMPORTANTE QUE LA CONNAISSANCE. LA CONNAISSANCE EST LIMITÉE ALORS QUE L'IMAGINATION ENGLOBE LE MONDE ENTIER.

ALBERT EINSTEIN

Imagine un monde meilleur pour toi et pour les autres.
À quoi ressemble-t-il ?

QUI DIT CHERCHER DIT AVOIR UN BUT.
MAIS TROUVER, C'EST ÊTRE LIBRE,
C'EST ÊTRE OUVERT À TOUT,
C'EST N'AVOIR
AUCUN BUT DÉTERMINÉ.

HERMANN HESSE

Quel est ton but le plus important pour l'année prochaine ? Si tu décides d'être ouvert à toutes les possibilités, est-ce que ce but change ?

La sagesse est fille de l'expérience.

LÉONARD DE VINCI

Quelles sont les cinq leçons essentielles que tu as apprises cette année ?

La
paix que
tu recherches
est en
toi.

Quand te sens-tu le plus en paix ? Cite trois choses que tu peux faire pour trouver cette paix à l'intérieur de toi.

CHACUN DE NOUS
— ANIMAL, PLANTE, HUMAIN
ET ÉTOILE — EST UNE MINUSCULE
FIBRE DANS UNE ŒUVRE FINEMENT
TISSÉE. CHAQUE FIBRE DÉTIENT
UNE BEAUTÉ UNIQUE QUI
NE PEUT ÊTRE NI COPIÉE
NI REMPLACÉE — ET
SI UN SEUL
POINT MANQUE,
LE TABLEAU
EST INCOMPLET.

Cite une chose que tu apportes au monde,
toi et personne d'autre.

Tu es connecté à moi ;
je suis connecté à toi ;
nous sommes composés
de lunes et d'étoiles
du ciel.

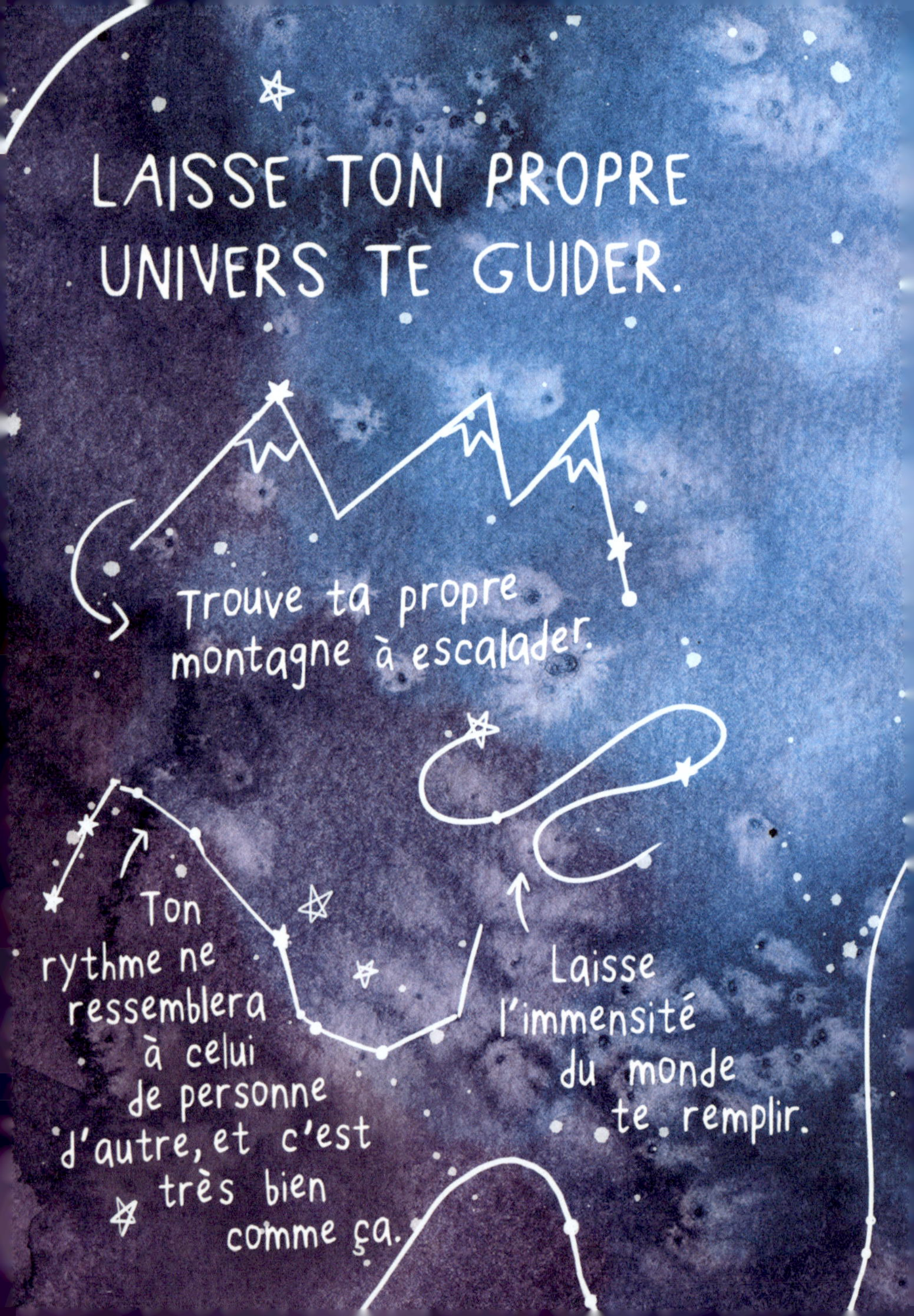
LAISSE TON PROPRE UNIVERS TE GUIDER.
Trouve ta propre montagne à escalader.
Ton rythme ne ressemblera à celui de personne d'autre, et c'est très bien comme ça.
Laisse l'immensité du monde te remplir.

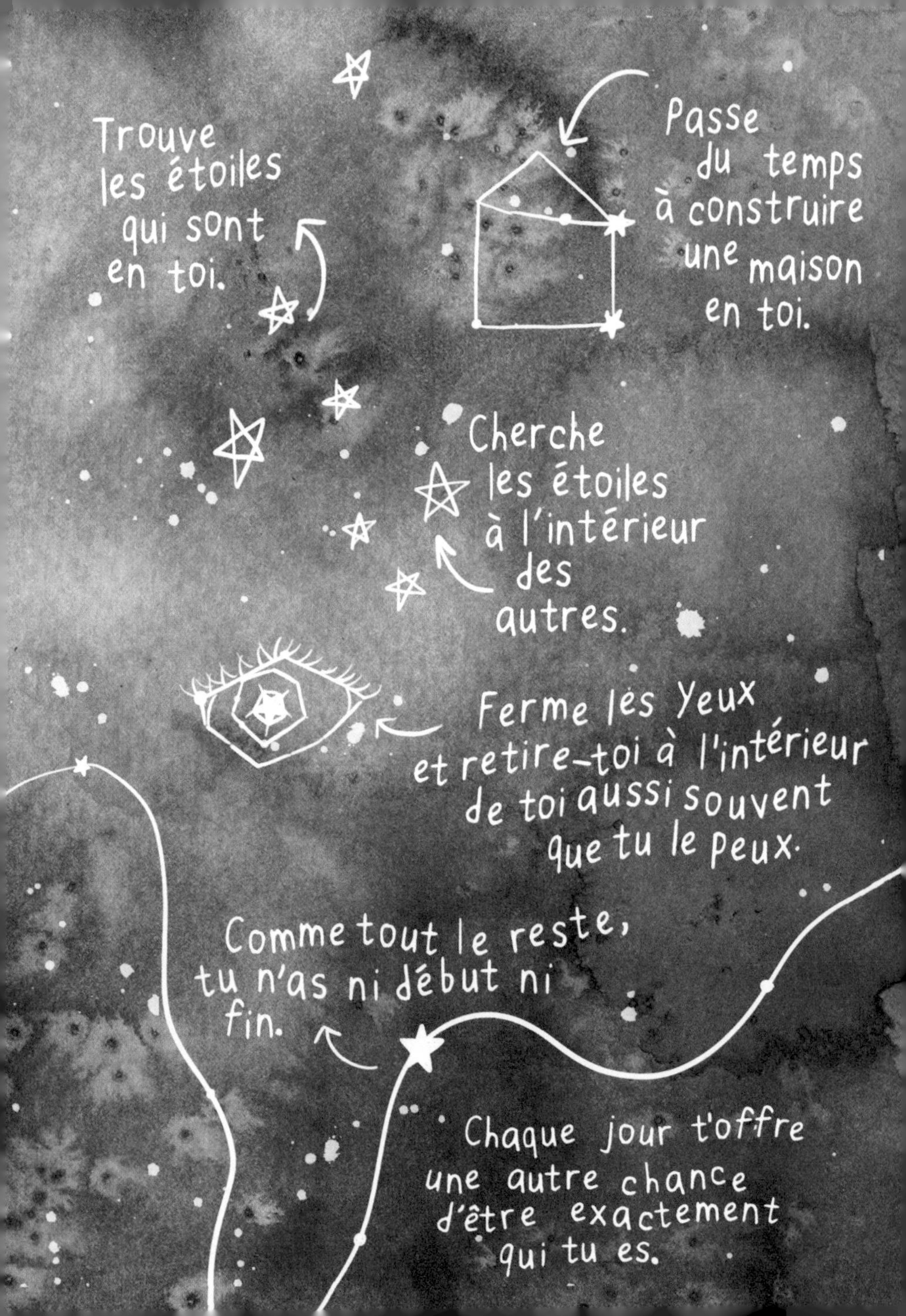
Trouve les étoiles qui sont en toi.
Passe du temps à construire une maison en toi.
Cherche les étoiles à l'intérieur des autres.
Ferme les yeux et retire-toi à l'intérieur de toi aussi souvent que tu le peux.
Comme tout le reste, tu n'as ni début ni fin.
Chaque jour t'offre une autre chance d'être exactement qui tu es.

POUR ALLER PLUS LOIN DANS LA LECTURE

* * *

Les citations sont tirées des publications suivantes :

Louisa May Alcott, *Little Women*, Roberts Brothers, 1868.

Maya Angelou, *Lettres à ma fille*, Noir sur Blanc, 2016, traduit de l'anglais (États-Unis) par Anne-Emmanuelle Robicquet.

Marc Aurèle, *Pensées pour moi-même*.

J.M. Barrie, *The Little White Bird*, Hodder & Stoughton, 1902.

Lyman Frank M. Baum, *Le Magicien d' Oz*, Reilly & Britton, 1916.

La Bhagavad Gîtâ, traduction et commentaires de Guy Deleury.

Beatles, *The Beatles Anthology*, Éditions du Seuil, 2000, traduit de l'anglais par Philippe Paringaux.

Charlotte Brontë, *Jane Eyre*, dans *Jane Eyre précédé d'œuvres de jeunesse*, Gallimard, collection « Bibliothèque de la Pléiade », 2008, traduit de l'anglais par Dominique Jean.

Pearl S. Buck, *This I believe*, enregistrement radiophonique, 1951.

Frances Hodgson Burnett, *Le Jardin secret*, Gallimard, collection « Folio Junior », 1997, traduit de l'anglais par Antoine Lermuzeaux.

Lewis Carroll, *Les Aventures d'Alice au pays des Merveilles*, Gallimard Jeunesse, 1996, traduit de l'anglais par Jacques Papy.

Eve Curie Labouisse, *Madame Curie*, Gallimard, collection « Folio », 1981.

Charles Dickens, *L'Ami commun*, dans *L'Ami commun – Le Mystère d'Edwin Drood*, Gallimard, collection « Bibliothèque de la Pléiade », 1991, traduit de l'anglais par Lucien Carrive et Sylvère Monod.
De grandes espérances, dans *Souvenirs intimes de David Copperfield, De grandes espérances*, Gallimard, collection « Bibliothèque de la Pléiade », 1954, traduit de l'anglais par Pierre Leyris.

Albert Einstein, « What Life Means to Einstein : An Interview by George Sylvester Viereck », paru pour la première fois dans *The Saturday Evening Post* en octobre 1929.

Ralph Waldo Emerson, *The Complete Works*.

Frederick William Faber, « On Kindness in General », *Spiritual Conferences*, 1860.

Anne Frank, *Journal*, Le Livre de Poche, 2017, traduit du néerlandais par Isabelle Rosselin-Boblesco et Philippe Noble.

W. Gardner et Francesca Gardner Reese, *Wit and Wisdom*, W.W. Norton & Company, 1996.

Khalil Gibran, *Spiritual Sayings of Khalil Gibran*, Citadel, 1965.

Hermann Hesse, *Siddhartha*, Le Livre de Poche, 1975, traduit de l'allemand par Joseph Delage.

C. S. Lewis, *La Trilogie cosmique*, t. 1 : *Au-delà de la planète silencieuse*, L'Âge d'Homme, 1997, traduit de l'anglais par Maurice Le Péchoux.

Roy Melvyn, *The Core Teachings of Ramana Maharshi*, LuLu Press, 2012.

Anaïs Nin, *Journal*, t. 2, Stock, 1970, traduit de l'anglais par Gunther Stuhlmann.

Ovide, *Pontiques*, J.J. Dubochet et Compagnie Éditeurs, 1838, traduit du latin par Charles Nisard.

Rainer Maria Rilke, *Lettres à un jeune poète*, éditions Gallimard, 1992, traduit de l'allemand par Marc B. de Launay.

Helen Shucman et William Thetford, *Un cours en miracles*, Éditions du Roseau, 2005, traduit de l'anglais par Denis Ouellet en collaboration avec Franchita Cattani.

William Shakespeare, *Hamlet*, Garnier-Flammarion, 2016, traduit de l'anglais par François-Victor Hugo.

Thich Nhat Hanh, *Bouddha vivant, Christ vivant*, Lattès, 1996, traduit de l'anglais par Marianne Coulin.

Mark Twain, *Following the Equator*, American Publishing Company, 1897.

Léonard de Vinci, *Carnets*, Gallimard, 1942, traduit de l'italien par Louise Servicen ; réédité dans la collection « Quarto » en 2019.

Walt Whitman, *Feuilles d'herbe*, Aubier, 1989 (édition bilingue), introduction et traduction de Roger Asselineau.

Oscar Wilde, *De Profundis. La Ballade de la geôle de Reading*, Le Livre de Poche, 2000, traduit de l'anglais par Jean Besson.

Le Portrait de Dorian Gray, Gallimard, collection « Folioplus Classiques », 2013, traduit de l'anglais par Jean Gattégno.

Virginia Woolf, *To the Lighthouse*, Hogarth Press, 1927 ; *Voyage au phare*, Le Livre de Poche, 2009.

REMERCIEMENTS

L'autoréalisation est un processus qui permet de reconnaître ou de faire émerger ton être véritable. C'est une pratique intime qui nécessite souvent une certaine solitude, mais si tu as de la chance, comme moi, beaucoup de gens t'aideront le long de ton chemin.

Je remercie mes parents qui m'ont fait découvrir le concept d'autoréalisation, m'ont fait percevoir qu'il existait de nombreux mondes à l'intérieur de moi, et m'ont poussée à croire que j'avais la capacité de les rassembler.

Je remercie les personnes suivantes, qui m'ont aidée à explorer les mondes qui sont en moi : Ojus, Karishma, Kristen, Alicia, Amanda et Trevor. Vous êtes mes étoiles. Et je remercie Arian et Shea, qui tous deux ont créé un autre monde en moi.

Enfin, je remercie Marian et Laurie, qui m'aident à partager ce que je suis avec ce monde vaste et mystérieux dans lequel nous vivons.

À PROPOS DE L'AUTEURE

Meera Lee Patel est une écrivaine et artiste autodidacte qui sait, avec certitude, qu'il y a beaucoup de mondes, de lunes et d'étoiles en elle. Elle aime dormir et sourire et croit que tout changement vient de l'intérieur de soi.

Elle sait aussi qu'il y a de nombreux mondes en toi et elle espère que tu les chercheras tous.

Pour en découvrir plus sur son œuvre,
rendez-vous sur MeeraLee.com

Pour lire ses pensées et voir ses sourires,
rendez-vous sur Instagram.com/meeraleepatel

PAPIER À BASE DE
FIBRES CERTIFIÉES

Le Livre de Poche s'engage pour
l'environnement en réduisant
l'empreinte carbone de ses livres.
Celle de cet exemplaire est de :
1 Kg éq. CO_2
Rendez-vous sur
www.livredepoche-durable.fr

Achevé d'imprimer en octobre 2020 en Espagne par
GRAFICAS ESTELLA
Dépôt légal 1re publication : novembre 2020
Librairie Générale Française
21, rue du Montparnasse – 75298 Paris Cedex 06

55 / 5733 / 4